Art&Décoration

Cuisines à vivre

massin

[Esprit campagne]

Véritable cœur vivant de la maison, la cuisine a subi au cours des vingt dernières années une petite révolution, tant sur le plan technique qu'esthétique. De plus en plus spacieuse, elle accueille désormais sans complexe la salle à manger. Fini la cuisine fermée et laboratoire secret, la cuisine « nouvelle génération » est aujourd'hui ouverte à tous les regards, car on y reçoit même les invités ! C'est pourquoi on soigne aussi bien sa déco que celle des pièces de réception. À chacun son style ! On aime l'esprit campagne et ses murs en pierres apparentes, ses éléments en bois brut ou élégamment modernisés dans des tons grisés. On apprécie aussi les casseroles en cuivre et les écumoires suspendues, les étagères ouvertes pour les collections de bols anciens, de boîtes en céramique ou autres pièces chinées et fièrement présentées… qui nous rappellent le charme des cuisines d'autrefois.

1

1] Les poutres au plafond, les vitrines en bois, le manteau de cheminée, les placards bas et la table en bois brut : autant d'éléments qui donnent à la cuisine un style chaleureux et convivial. Résultat : elle est devenue la pièce « vedette » dans laquelle tous les membres de la famille aiment se retrouver.

2] Dans cette vieille maison de vignerons, la cuisine, sous les voûtes, affiche un caractère authentique. Meubles en bois clair dotés de poignées coquilles, plan de travail en zinc clouté, sans oublier la collection de poules et les pots à lait… nous plongent dans l'atmosphère des fermes d'antan.

1] Côté cuisine, on cultive le goût du terroir et l'esprit campagne grâce à une collection de casseroles en cuivre suspendue à un baldaquin en métal fixé au plafond, un piano de cuisson inséré entre deux pilastres façon cheminée, un billot et un îlot avec des façades moulurées.

2] Pièce maîtresse de la maison, la vaste cuisine de 54 m² voit les choses en grand et intègre une salle à manger prête à accueillir les convives dans une ambiance chaleureuse. Un magistral vaisselier et un îlot central font le lien entre l'espace de préparation et de dégustation.

2

1] La cuisine possède le charme d'autrefois grâce à l'accord parfait entre un ancien meuble présentoir de boulanger où ranger le linge d'office, une série d'étagères où s'expose une collection de vaisselles en céramique blanche, une table en fer forgé et des chaises en bois grisé. Lustres, fleurs des champs, panières et linges d'antan viennent parfaire son style campagne.

2] Dans cette cuisine salle à manger, un long linéaire de 6 mètres, équipé de meubles en tilleul et d'un évier en pierre, est dédié au rangement et à la préparation culinaire. Sur le côté, un billot ancien et un piano de cuisson campent le décor d'une cuisine au charme d'autrefois. Au cœur de la pièce, une vaste table dressée n'attend plus que les convives prennent place.

[Contemporain chic]

Nouvelle « pièce à vivre » de la maison, la cuisine se vit en famille et entre amis. Avec l'évolution des modes de vie, elle s'est transformée en une pièce polyvalente où discuter autour d'un verre, travailler ou regarder la télévision est devenu chose courante. Son aménagement sur mesure se répartit en différentes zones d'activités : un coin détente (banquette), un îlot pour la préparation culinaire et, de plus en plus, un espace confortable à l'image de la salle à manger, réservé à la table. Côté déco, la cuisine arbore un style contemporain chic : elle se décline dans des couleurs douces et élégantes comme le beige, le gris ou le vert, mais aussi féminines avec des teintes roses. Sophistiquée, elle est conçue avec des matériaux nobles tels que le bois massif et la pierre, et s'équipe d'électroménager au look moderne.

1

1] Unique, la cuisine a été conçue avec des matériaux anciens. Meubles en chêne recyclés, plan de travail en pierre et tablettes en bois ont été réadaptés en îlot ou en placards pour former une cuisine moderne avec le confort d'aujourd'hui et un style résolument contemporain.

2] Côté repas, le bois clair et la couleur grise jouent un duo sans fausse note, créant un espace parfaitement harmonieux et chaleureux. Au fond, des volets anciens blanchis ont été détournés pour devenir les portes de ce placard sur mesure.

1

1] Dans la pièce à vivre de cette maison contemporaine, la cuisine est toute en légèreté grâce à de nombreux rangements bas et discrets et une très longue table. La couleur verte – sur les murs et les accessoires – s'associe parfaitement au blanc des chaises et au plan de travail en quartz créant une ambiance pleine de fraîcheur et de modernité (chaises DSW, Charles & Ray Eames).

2] Fonctionnelle, la cuisine arbore de nombreux placards fermés offrant un maximum de rangements. Le vert olive des façades procure douceur et élégance à la composition.

1

1] Sous la véranda, la spacieuse cuisine est équipée de meubles en bois, aux lignes pures et contemporaines, peints en noir mat pour masquer au maximum leur fonctionnalité. Disposés en L, ils ont été astucieusement glissés sous la verrière afin de laisser la vue dégagée sur le jardin. Espace de convivialité, la cuisine est composée de différentes zones de détente : une banquette « cosy », un plan snack, et une table aux belles proportions pour que chacun puisse profiter de l'espace sans se gêner.

[Design]

Particulièrement adaptée aux maisons contemporaines (maisons en bois, maisons d'architectes…) et aux appartements urbains, la cuisine design joue avec des lignes simples, épurées et graphiques. Souvent intégrée dans la pièce à vivre, sans cloison, elle dissimule les parties techniques derrière des façades closes et non vitrées pour s'intégrer et littéralement se fondre dans le salon. Ultra-sophistiquée, elle s'invente dans de nouvelles matières fonctionnelles et élégantes telles que le Corian. Astucieuse, elle adopte les équipements les plus ingénieux (« magic corner », panier extractible…) pour optimiser le rangement, avec la discrétion comme mot d'ordre.

1] La cuisine joue les contrastes. Des meubles en laque noire brillante et de l'électroménager en inox, ultra-chic et un brin sophistiqués, côtoient un sol en béton industriel et un plan de travail en bois massif, laissés bruts dans un esprit très minimaliste. Une association qui fonctionne bien !

1

1] Dans cette cuisine, tous les éléments arborent des lignes épurées, et rien ne vient perturber la netteté de la composition. L'électroménager est caché derrière les façades ou intégré dans l'îlot XXL pour laisser place nette ! Le blanc laqué des éléments s'harmonise à la perfection avec les touches de métal (poignées, robinetterie, piètements de chaises et de table) et le granit noir du plan de travail.

1

2] Véritable pièce à vivre, la cuisine est complètement ouverte sur le coin repas et l'espace salon. La grande table en bois avec les piètements en métal rappelle avec finesse et élégance les baies vitrées qui font de cet espace lumineux un havre de paix design .

1
BREAD

1] Savamment orchestrée, la cuisine est aménagée en trois espaces distincts : une table près des baies vitrées, un linéaire dédié au rangement et à la cuisson, et un îlot de préparation agrémenté d'un plan snack. Les éléments modernes, en bois blanc légèrement brillant, sont mis en valeur par le gris du mur. Des suspensions procurent l'éclairage nécessaire à la nuit tombée.

[Industriel & récup']

Toujours tendance en décoration, l'esprit loft industriel et récup' investit naturellement la cuisine. Des meubles chinés en métal, casiers de rangement d'ateliers, armoires de classement d'usines anciennes… sont réadaptés et ajustés par des artisans ferronniers aux dimensions de la pièce. Des tables de métier, des lampes anciennes et autres chaises vintage, devenues icônes du style industriel, entament une seconde vie. La reconversion est ici aussi fonctionnelle que décorative! Le style industriel se caractérise également par l'utilisation de matières brutes et métalliques: béton, bois massif, acier, zinc, inox… Personnalisée et inventive, la décoration dans la cuisine de style industriel et récup' évolue au rythme des trouvailles des propriétaires.

CHOCOLATE MILK

1] À Bruxelles, cet ancien atelier de plomberie reconverti en loft se distingue par une décoration singulière. La cuisine est équipée de grandes étagères ouvertes, fabriquées avec des poutrelles en acier bleu et des planches en chêne, et d'un îlot conçu avec d'anciens tubes d'échafaudage… Au-dessus de la table, suspendu aux chemins de câbles, un lustre chiné, couleur bronze, et quelques suspensions en verre bleu rapportées du Maroc participent à la décoration atypique de cette cuisine haute en couleur.

1

1

1] Cette cuisine salle à manger mêle avec harmonie les éléments du style industriel et les meubles contemporains. Autour de la grande table en teck, une série de chaises d'atelier chinées chez un brocanteur spécialisé apportent beaucoup de personnalité à l'ensemble. Le sol en béton gris, les deux suspensions métalliques au-dessus de la table et deux lampes articulées dirigées sur les timbres d'office donnent également son ton à la pièce.

1] À l'image des épiceries chic, toutes les trouvailles de la propriétaire sont soigneusement présentées dans des casiers ouverts. Chaises Tolix, table avec piètement métallique et luminaires de style récup' cultivent l'esprit industriel et brocante de cette étonnante cuisine.

1

1] Chinés par les propriétaires dans des brocantes, les meubles de métier donnent une touche récup' à la cuisine. Réfrigérateur de boucherie (au fond), véritable billot rénové, collection de couteaux professionnels et médailles agricoles fixées au mur aiguisent notre curiosité, tout en créant un décor unique.

1

2] La cuisine a été agrandie avec une extension vitrée, apportant une lumière généreuse dans le coin repas. Les murs de brique rouge, les chaises et tabourets Tolix, les baies en aluminium noir se conjuguent harmonieusement pour créer une ambiance industrielle en version moderne.

[Les îlots multifonctions]

Apparu il y a vingt ans en France, l'îlot est aujourd'hui la vedette de la cuisine « nouvelle génération ». Il s'intègre à tous les styles et offre convivialité et polyvalence. Selon la surface de la pièce, il se place au centre ou prend appui contre un mur. Composé d'un ou de plusieurs éléments, il s'équipe sur mesure pour répondre aux besoins et aux envies, intégrant un évier, une plaque de cuisson, un four ou une table. Dans l'air du temps, l'îlot multifonction est un lieu de partage où toute la famille se retrouve pour cuisiner, discuter et déguster les mets préparés.

L'îlot évier : pour tous ?

L'intégration d'un îlot avec évier (ou lave-vaisselle) n'est pas toujours possible, car ce type d'installation engendre diverses contraintes techniques, telles que l'arrivée d'eau et l'évacuation des eaux usées. C'est pourquoi, il est quasi impossible d'en installer dans un appartement ancien, à moins de se lancer dans des travaux lourds et inesthétiques comme l'aménagement d'un podium afin de surélever l'îlot et obtenir la pente d'écoulement nécessaire. Son installation est davantage conseillée dans les maisons individuelles (avec un sous-sol).

1] Réalisé sur mesure avec des carreaux de plâtre, pour la structure, et de la pierre bleue, pour le plan de travail, cet îlot joue la polyvalence en offrant des rangements fonctionnels, un évier et un coin repas.

1

1] Dans cette cuisine salle à manger, l'îlot en forme de L joue les vedettes ! Il intègre toutes les fonctionnalités d'une cuisine – évier, plaque de cuisson et plan snack – pour libérer les murs et laisser place à une décoration audacieuse : horloge de gare sur le plan de travail en inox et fronton en stucco argent, accroché au-dessus de la table.

1

1] Même dans une cuisine au style authentique, l'îlot est le bienvenu et s'intègre avec talent en se dotant des mêmes matériaux : façades blanches en pin massif et plan de travail en stratifié gris. Pratique, il comprend une plaque de cuisson et un petit bar donnant un esprit bistrot à la cuisine !

2] Au cœur de la cuisine, l'îlot séduit par son esthétique décalée : il s'inspire des formes d'une commode de style en arborant moulures, galbes et portes en acier décorées de poinçons très graphiques. Sa belle taille lui permet de disposer d'un évier et d'une plaque de cuisson pour cuisiner confortablement.

[Les îlots avec table]

Lorsque la place n'est pas comptée, l'îlot aménagé au cœur de la cuisine est prolongé par une véritable table. La cuisine n'est alors plus seulement dédiée à la préparation culinaire, mais est conçue comme un « open space » mêlant cuisine et salle à manger. Ces deux espaces fusionnent pour devenir un « cuisine living » où famille et amis se retrouvent et s'attablent confortablement autour d'un verre et d'un dîner. Fabriquée dans le même matériau, la table s'intègre à l'îlot discrètement. Mais elle peut aussi s'affirmer et s'émanciper, dans un matériau différent de celui-ci, et jouer la touche déco !

1] Spectaculaire, l'îlot de cette grande cuisine familiale s'articule en deux zones complémentaires : un espace dédié à la préparation culinaire, intégrant un évier en pierre, poursuivi par une grande table pouvant accueillir une dizaine de convives. Le bois et le béton sont harmonieusement mêlés : l'îlot a été conçu à partir d'une structure en bois recouverte ensuite d'un plan en béton, coulé sur place et traité pour donner l'illusion d'une pierre naturelle.

1

1] Dans cette maison de vacances en bord de mer, la cuisine moderne et fonctionnelle est équipée d'un grand îlot central en forme de L. Perpendiculaire à l'espace de préparation, la longue table, dont le plateau repose sur des piètements en métal, s'intègre avec beaucoup de légèreté.

2] Idéal pour les appartements urbains, l'îlot permet de regrouper en un minimum d'espace préparation culinaire et table digne de ce nom! En parfaite harmonie, le plan de travail en granit du Zimbabwe de l'îlot est le même que celui du linéaire de préparation.

1] Nichée sous les combles, la cuisine tout en longueur a été astucieusement équipée d'un îlot en forme de L, avec un espace confortable dédié à un évier suivi par une table pouvant accueillir au moins 8 convives. Le plan de travail est en pierre de Cascais posée sur un piètement métallique.

2] La cuisine de cette maison contemporaine affiche style et aménagement modernes. Au cœur de l'espace, le très long îlot est doté, de part et d'autre, de nombreux tiroirs de rangements. Il est prolongé, face à la cheminée, par une table. Un espace accueillant pour toute la famille.

1] Placé pour partie sous une grande verrière, l'îlot offre un coin repas privilégié en permettant aux propriétaires de déjeuner un peu au jardin et un peu la tête dans les nuages... Un plateau en pierre de Bourgogne marque le coin repas, mais l'îlot tout entier peut aussi accueillir de nombreux invités.

1] L'îlot dissocie visuellement et physiquement la zone de préparation de l'espace repas, en associant deux hauteurs. On aime l'alternance très chic des matières. La prépondérance de l'inox lui donne un caractère professionnel et les touches de bois (table en noyer et façade en placage bois) le rendent chaleureux (suspensions design Seppo Koho).

1

[Les îlots avec plan snack]

Peu à peu, les petites tables bistrot et autres bars disparaissent des cuisines pour laisser place aux îlots équipés d'un plan snack. Le plan de travail se prolonge alors de 20 à 30 cm environ pour former une « mini-table », idéale pour prendre un petit-déjeuner ou un repas sur le pouce ! Quand il est implanté plus en hauteur, il remplace avec talent les anciens bars et permet de se réunir autour d'un verre entre amis, pendant que le cuisinier s'active aux fourneaux !

1] Entre la cuisine et le salon, un îlot de préparation est surmonté d'un plan snack pour allier l'utile à l'agréable ! À l'image des autres éléments de la cuisine, le plan snack a été réalisé avec du béton ciré beige clair, pour le plateau, et du stratifié finition ébène, pour les façades. En parfaite harmonie avec le sol dallé en parefeuilles anciens, et l'esprit récup' de la pièce à vivre.

1

1] Tout en finesse, cet îlot fabriqué sur mesure, arbore des lignes modernes et légères. La structure en métal forme le piètement du meuble et soutient le plan snack, qui surplombe la zone de préparation. Spacieux et lumineux, ce coin bar invite à prendre place sur les tabourets Tolix pour déguster un verre.

Choisir un tabouret de bar

En fonction de la hauteur du plan snack, vous avez le choix entre plusieurs hauteurs de tabourets de bar : 110 cm, 90 cm et 70 cm. Pensez, pour votre confort, à ménager un espace de 30 cm entre le plateau de la table et l'assise. Pour s'intégrer parfaitement à votre intérieur, les tabourets se déclinent dans des versions pliables, réglables en hauteur, pivotantes… et dans de nombreuses couleurs, matières et finitions.

1] On aime l'allure vintage de cette cuisine, avec ses grandes lettres rouges récupérées, ses tabourets de bar en vieux cuir, sa plaque en métal et sa balance. Son îlot, fabriqué en béton brut, a été coulé sur place et joue librement avec ses formes, telle une grande sculpture ! Le plan snack, décalé du plan de travail, crée un espace à part, invitant les habitants à s'attabler pour une pause déjeuner ou pour un apéro !

EAT

REMERCIEMENTS

Art & Décoration : Inma Bevan, éditrice adjointe, Clémence Blanchard, rédactrice en chef.
Les propriétaires, les architectes et les créateurs qui nous ont fait découvrir leurs réalisations et tous les collaborateurs du magazine Art & Décoration.
Le magazine © Art & Décoration est édité par Hachette Filipacchi Associés.
La marque Art & Décoration est la propriété de la société Hachette Filipacchi Presse.

CRÉDITS PHOTOGRAPHIQUES

Couverture : P. Binet

E. Andréotta : p. 9, p. 42 - **P. Binet** : p. 3, p. 14, p. 15, p. 43, p. 45, p. 61 - **L. Durand** : p. 4 - **S. Durand** : p. 37 - **C. Erwin** : p. 32-33, p. 51 - **O. Hallot** : p. 5, p. 6, p. 7, p. 40-41 - **L. Keome** : p. 27, p. 28-29 - **S. Lloyd** : p. 34, p. 35, p. 57 - **P. Louzon** : p. 30-31 - **A. Réty** : p. 12, p. 13, p. 16-17, p. 49, p. 50, p. 52-53, 58-59, p. 60 - **C. Rouffio** : p. 8, p. 11, p. 19, p. 20-21, p. 39, p. 46-47, p. 54-55, p. 62 63 - **P. Smith** : p. 22, p. 23, p. 48 - **N. Tosi** : p. 38 - **G. Trillard** : p. 24-25.

Direction d'édition : Thierry Lamarre - Édition : Adeline Lobut - Réalisation et textes : Nathalie Soubiran - Correction-révision : Isabelle Misery - Christine Wojazer - Conception graphique et mise en pages : Either Studio - Couverture : Either Studio - Éditions Massin - Publiées par Société d'Information et de Créations - SIC - Une société de Marie Claire Album - 10, bd des Frères-Voisin 92792 Issy-les-Moulineaux Cedex 9 - France - Tél. 01 41 46 88 88 - RCS Nanterre 302 114 509 - SARL au capital de 3 822 000 euros - © 2015, Éditions Massin - Société d'Information et de Créations - SIC - ISBN : 978-2-7072-0892-7 - N° Éditeur : 38369 - Imprimé par G. Canale & C., Borgaro (Italie) - Dépôt légal : janvier 2015 - www.massin.fr